39 是我打碎的	56	47 爱护小树	64
40 杨杨这样做	57	48 小熊请客	65
41 对话	58	49 跟我说的相反	67
42 我都爱吃	59		
43 小明的家	60	编写说明	68
44 钉钉子	61	教学提示	70
45 谁也不吃	62	附录Ⅰ 发音器官图	94
46 向谁学习	63	附录Ⅱ 汉语手指字母图	95

1 an ng ang ian iang

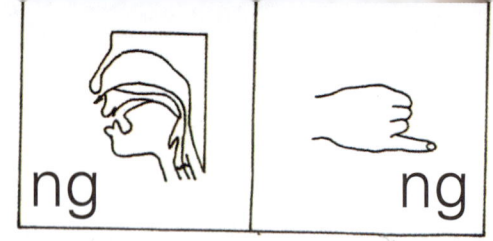

ān án ǎn àn
āng áng ǎng àng
ban pan dan wan mang fang

pán zi lǐ yǒu bàn gè xī guā
盘 子 里 有 半 个 西 瓜。

Ān an fàng xué le
安 安 放 学 了。

wǎn lǐ yǒu jī dàn
碗 里 有 鸡 蛋。

bà ba gōng zuò máng wǒ zì jǐ wán
爸 爸 工 作 忙。我 自 己 玩。

iān ián iǎn iàn　　　iāng iáng iǎng iàng

tiān nián jiǎn jiang qiang xiang

tián
田

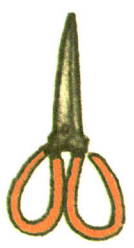
jiǎn dāo
剪刀

jiàng hú
浆糊

qiāng
枪

liáng xié
凉鞋

Tián Xiāng chī nián gāo
田香吃年糕。

Xiǎo liàng chī miàn tiáo　xiāng yóu hǎo xiāng a
小亮吃面条。香油好香啊!

2 un uan uang ün üan

ūn ún ǔn ùn uān uán uǎn uàn
uāng uáng uǎng uàng lun kun gun
duan huan huang kuang

chē lún
车 轮

yì kǔn mài zi
一 捆 麦 子

yì kuāng huáng guā
一 框 黄 瓜

dì di gǔn tiě huán
弟弟 滚 铁 环。

tù zi de wěi ba duǎn
兔 子 的 尾 巴 短。
hóu zi de wěi ba cháng
猴 子 的 尾 巴 长。

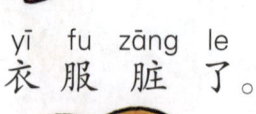

yī fu zāng le
衣 服 脏 了。

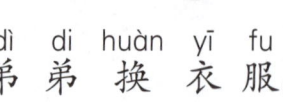

dì di huàn yī fu
弟弟 换 衣 服。

ūn ún ǔn ùn   uān uán uǎn uàn
yun jun qun   yuan juan quan

jiě fàng jūn
解 放 军

quán tou
拳 头

yī yuán qián
一 元 钱

dàn juǎn
蛋 卷

huā juǎn
花 卷

lǎo yé ye dǎ quán
老 爷 爷 打 拳。

Xiǎo yún chuān zhe
小 云 穿 着
piào liang de lián yī qún
漂 亮 的 连 衣 裙。

3　en eng in ing ong iong

ēn én ěn èn　ēng éng ěng èng
men fen deng feng

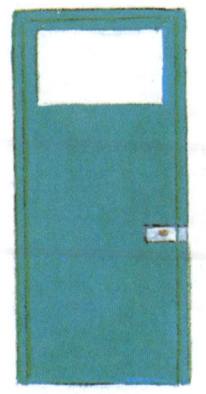

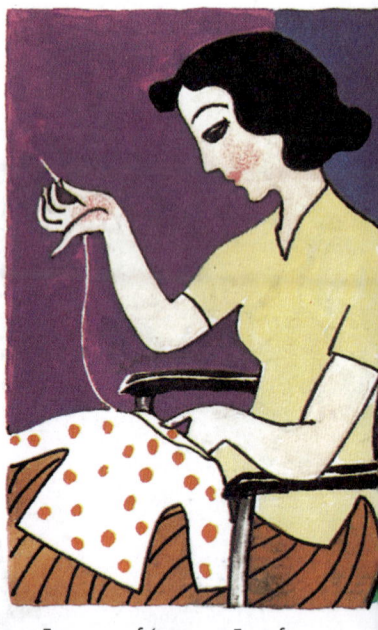

mén　　　　kāi mén　　　guān mén　　　　mā ma féng yī fu
门　　　　　开　门　　　　关　门　　　　妈 妈 缝 衣 服。

yī fēn qián　　èr fēn qián　　wǔ fēn qián
一 分 钱　　　二 分 钱　　　五 分 钱

diàn dēng　　　tái dēng　　　　rì guāng dēng
电 灯　　　　　台 灯　　　　　日 光 灯

īn ín ǐn ìn īng íng ǐng ìng
jin qin xin bing ding ying

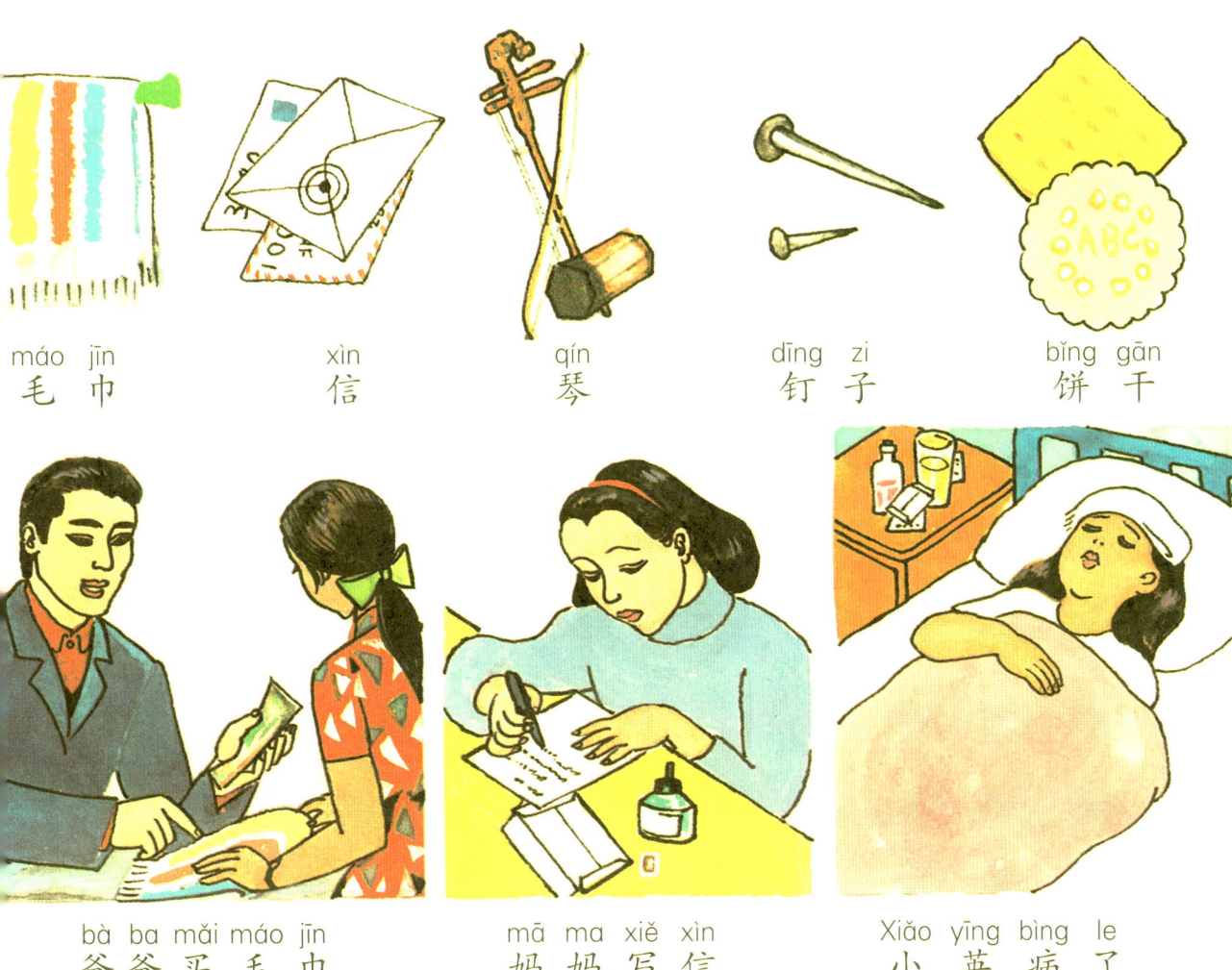

ōng óng ǒng òng　iōng ióng iǒng iòng

hong tong gong nong xiong

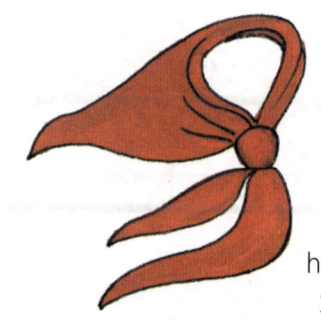

hóng lǐng jīn
红　领　巾

tǒng
桶

xióng māo
熊　猫

gōng rén zuò gōng
工　人　做　工。

nóng mín zhòng tián
农　民　种　田。

Dōng dong xiōng qián
冬　冬　胸　前
dài zhe xiǎo hóng huā
戴　着　小　红　花。

4 在岸边

小朋友在岸边打羽毛球。

小军和小芬在岸边放风筝。

解放军在岸边跑步。

5 z c s

zī zí zǐ zì
zao zai zuo zang

zǎo shàng，mā ma zài zuò fàn
早上，妈妈在做饭。

bà ba zài xiě zì
爸爸在写字。

xiǎo tù zi zài xǐ hóng zǎo
小兔子在洗红枣。

cī cí cǐ cì

ce cao cai cang

xiǎo tù zuò cāo
小兔做操。

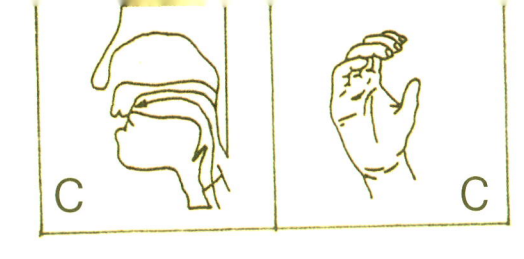

...o cì wei　xiǎo yáng hé xiǎo lù zhuō mí cáng
、刺猬、小羊和小鹿捉迷藏。

cè suǒ
厕所

sī sí sǐ sì

sa sao san song

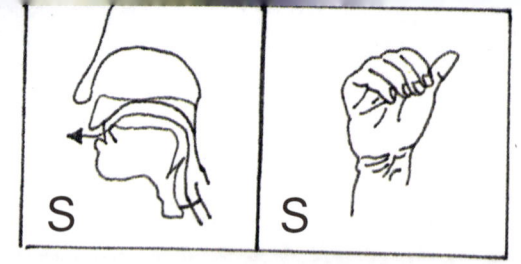

sōng shǔ bà ba lā lái sān gè sōng qiú
松 鼠 爸 爸 拉 来 三 个 松 球。

xiǎo sōng shǔ sǎ shuǐ
小 松 鼠 洒 水。

sōng shǔ mā ma sǎo dì
松 鼠 妈 妈 扫 地。

6 昨天 今天 明天

昨天，爸爸和我去公园玩。

今天，我上幼儿园。

明天，我也上幼儿园。

7 zh ch sh r

zhī zhí zhǐ zhì

Zhēn zhen zhòng huā
珍 珍 种 花。

Zhēn zhen zhé zhǐ
珍 珍 折 纸。

Zhēn zhen cā zhuō zi
珍 珍 擦 桌 子。

chī chí chǐ chì

chu chui chen chong

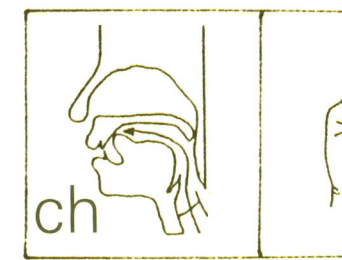

zǎo chén   tài yáng chū lái le
早 晨，太 阳 出 来 了
xiǎo niǎo chàng gē
小 鸟 唱 歌。

Chūn chūn chuī pào pao
春 春 吹 泡 泡。

xiǎo jī chī xiǎo chóng
小 鸡 吃 小 虫。

shī shí shǐ shì

sha shu shan shui

gōng yuán lǐ yǒu shān
公 园 里 有 山。
shān shàng yǒu shù
山 上 有 树。
shān xià yǒu hé
山 下 有 河。
hé shuǐ lǐ yǒu yú
河 水 里 有 鱼。

rī rí rǐ rì

ru rou ren rong

rì

xīng qī rì bà ba hé Róng rong dào dòng wù yuán
星期日，爸爸和蓉蓉到动物园。

Róng rong kàn jiàn shī zi　shī zi zài chī ròu
蓉蓉看见狮子。狮子在吃肉。

8 折纸

我会折纸蛙。

老师教我们折纸。

兰兰会折纸鸟。

明明会折纸衣。

红红会折纸裤。

9 猜谜语

牙刷　牙膏　香皂　肥皂

我刷牙。

奶奶洗衣服。

爷爷洗脸。

猜一猜

一个小宝宝，
洗澡吹泡泡，
越洗身越小，
再洗不见了。

10 找朋友

找呀找呀找呀找,
找到一个好朋友,
行个礼,握握手,
你是我的好朋友,
再见!

11 八 九 十

八只猴子在打水。

九只鸭子在游水。

十只青蛙在游戏。

Máo Zhǔ Xí ài ér tóng
12 毛主席爱儿童

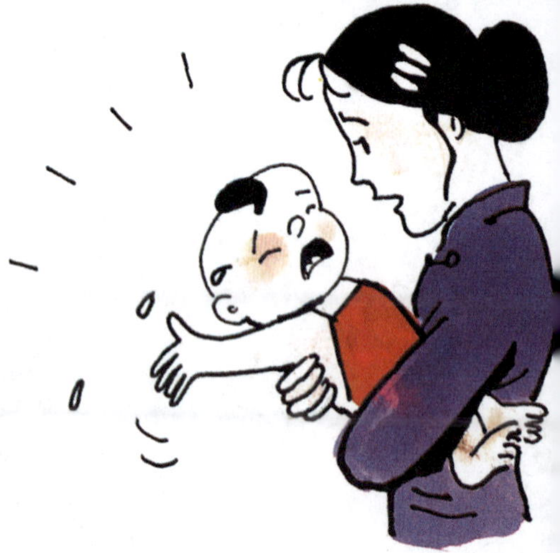

Yín huá bìng le
银华病了。

Máo Zhǔ Xí duì sī jī shuō kuài sòng Yín huá qù yī yuàn
毛主席对司机说："快送银华去医院。"

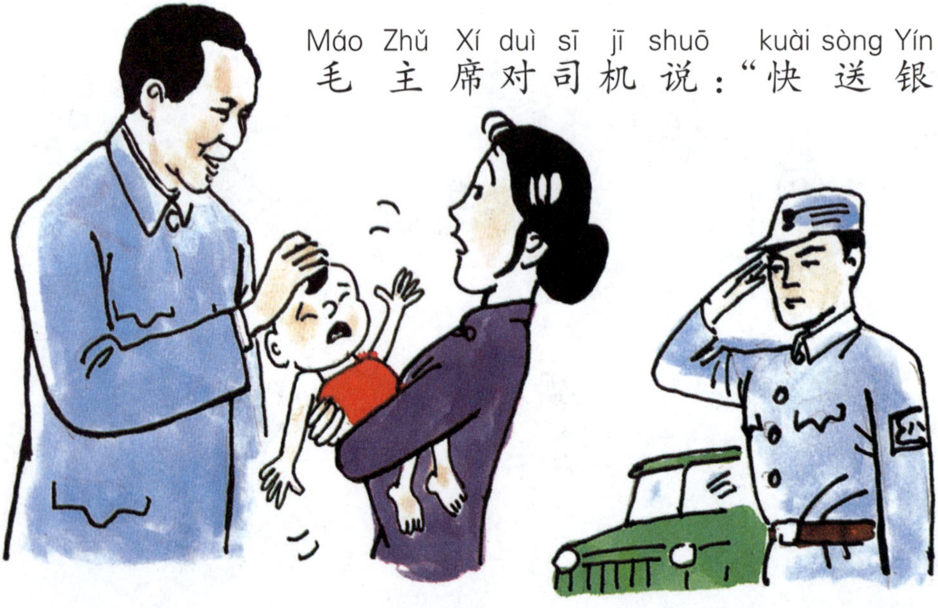

yī shēng gěi Yín huá zhì bìng
医 生 给 银 华 治 病。

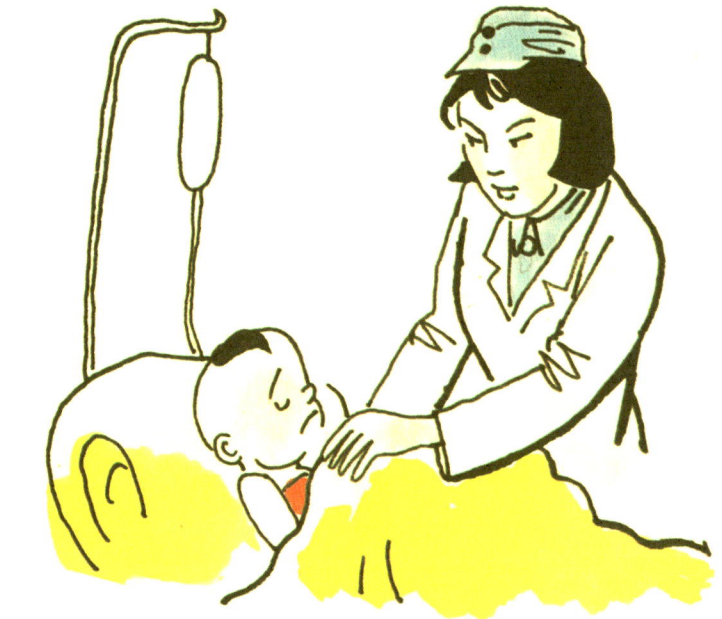

Yín huá bìng hǎo le
银 华 病 好 了。
mā ma shuō wǒ men
妈 妈 说:"我 们
gǎn xiè Máo Zhǔ Xí
感 谢 毛 主 席。"

Zhōu Zǒng Lǐ ài wǒ men

13 周总理爱我们

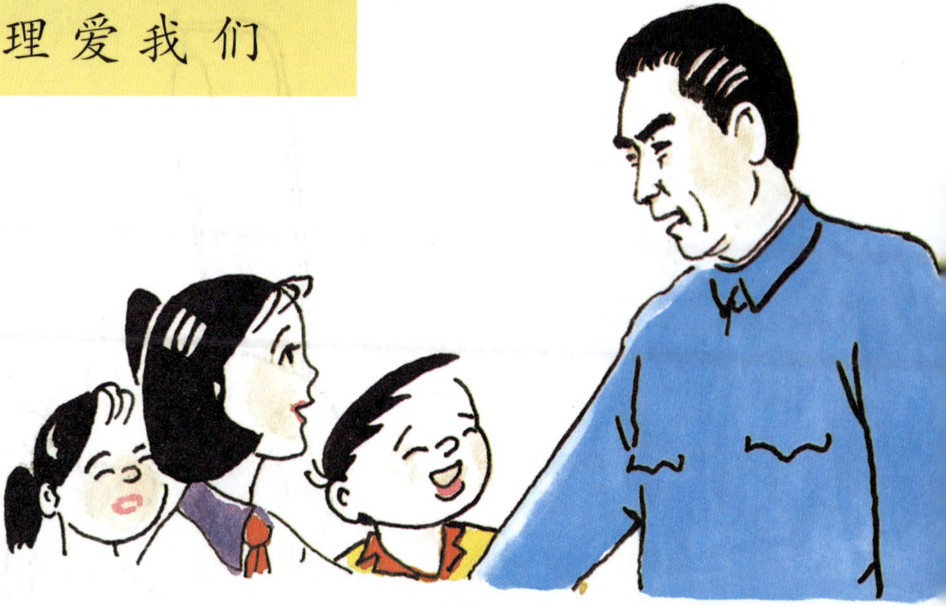

Zhōu yé ye dào běi jīng lóng xiào
周爷爷到北京聋校。

Zhōu yé ye jiāo lóng hái zi shuō huà
周爷爷教聋孩子说话。

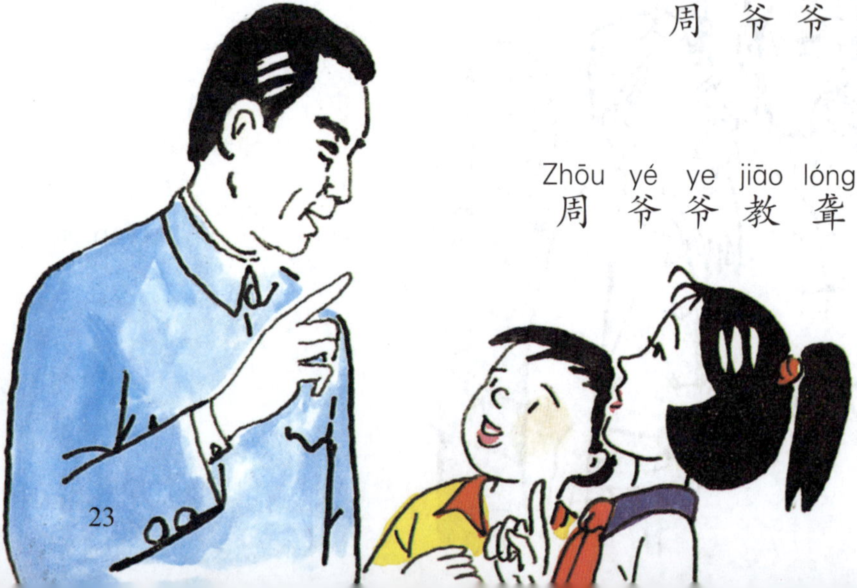

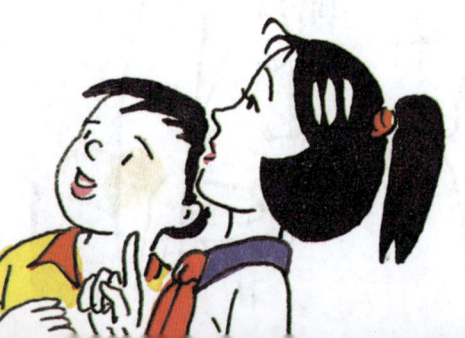

Zhōu yé ye ài wǒ men
周爷爷爱我们。

wǒ men ài Zhōu yé ye
我们爱周爷爷。

14 下雪了

下雪了,屋顶上白了,
树上白了,地上也白了。

小朋友们堆雪人、打雪仗。
他们真高兴。

15 我是中国人

这是天安门。

天安门在北京。

我爱北京天安门。

我是中国人。

我爱中国。

16 体育运动

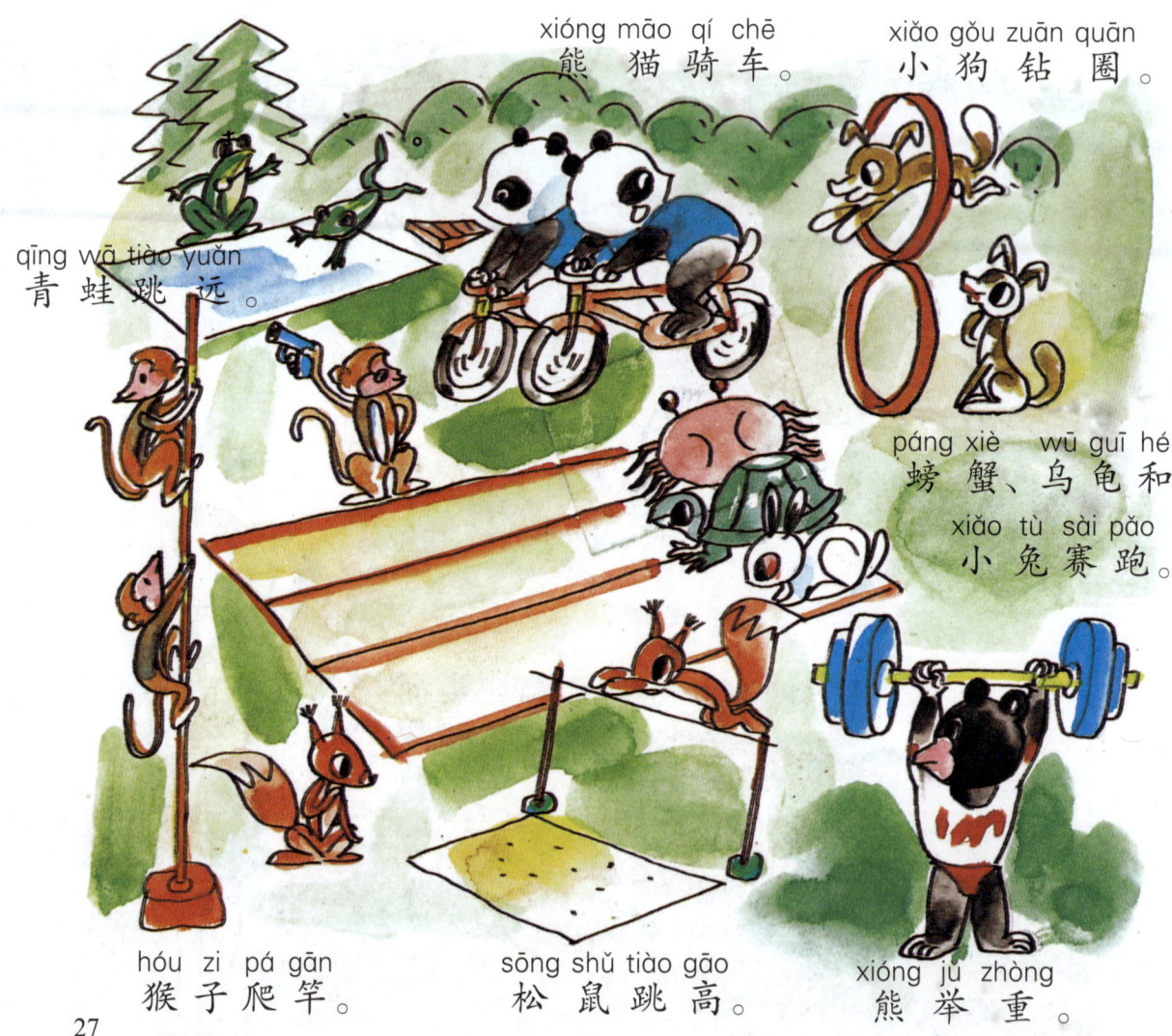

熊猫骑车。

小狗钻圈。

青蛙跳远。

螃蟹、乌龟和小兔赛跑。

猴子爬竿。

松鼠跳高。

熊举重。

17 滑滑梯

小朋友滑滑梯。
小明撞倒了小红。
小红哭了。

小明扶起小红。
小明说:"对不起!"
小红说:"没关系。"

猜一猜

一座桥,
地上架,
爬着上,
滑着下。

18 好孩子

Xiǎo píng jiē guò mā ma de shǒu tí bāo
小萍接过妈妈的手提包。

Xiǎo píng gěi mā ma ná tuō xié
小萍给妈妈拿拖鞋。

Xiǎo píng gěi mā ma ná shàn zi
小萍给妈妈拿扇子。

Xiǎo píng gěi mā ma bān dèng zi
小萍给妈妈搬凳子。

19 洗手帕

Xiǎo míng duān lái yì pén shuǐ
小明端来一盆水。

Xiǎo míng xǐ shǒu pà　shǒu pà gān jìng le
小明洗手帕,手帕干净了。

Xiǎo míng bǎ shǒu pà fàng zài shuǐ li
小明把手帕放在水里。

Xiǎo míng bǎ shǒu pà liàng zài shéng zi shàng
小明把手帕晾在绳子上。

20 糖是甜的

táng
糖

yán　　jiàng yóu
盐　　酱　油

cù
醋

táng shì tián de
糖是甜的。

yán hé jiàng yóu shì xián de
盐和酱油是咸的。

cù shì suān de
醋是酸的。

shuō shuo nǐ chī guò de dōng xi nǎ xiē shì tián de
说说你吃过的东西哪些是甜的？

nǎ xiē shì xián de
哪些是咸的？

nǎ xiē shì suān de
哪些是酸的？

21 一个玉米

一个玉米掉下来了。

"老爷爷,您掉了一个玉米。"

"谢谢你,好孩子。"

"不用谢。"

22 告诉爸爸和妈妈

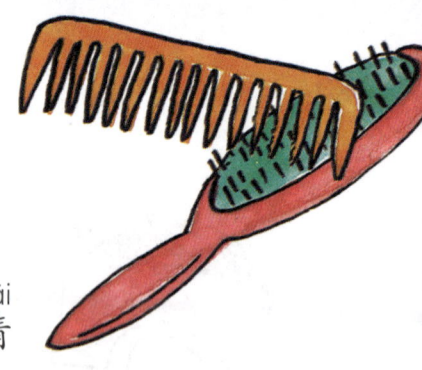

猜一猜

弯弯脊背长长牙，
喜欢在人头上爬。

小冰冰告诉妈妈：
小明和小华吵架。
我说："别吵了。"

张蕾告诉爸爸："今天中午，我吃了三个包子。"

23 我的老师

我有一个好老师。

老师给我们做了许多玩具。

她教我们说话、跳舞。

老师和我们一起游戏。

我们睡觉了,她给我们盖被子。

老师爱我们。我们爱老师。

24 送伞

"报告!" "请进!"

下雨了,我给老师送雨伞。

"你有什么事?" "我给您送雨伞。"

"好孩子,谢谢你。"

"不用谢!老师再见!"

25 扮老公公

老公公,出来了,
白胡子,白眉毛,
点点头,弯弯腰,
脚一滑,摔一跤,
一摸胡子掉下了,
逗得大家哈哈笑。

26 我要小书包

今天是儿童节。
爸爸说:"我给你买玩具。
你喜欢什么?"
我说:"不要玩具。
我要小书包。"

爸爸给我买了小书包。

爸爸还给我买了文具盒。

27 自己的事自己做

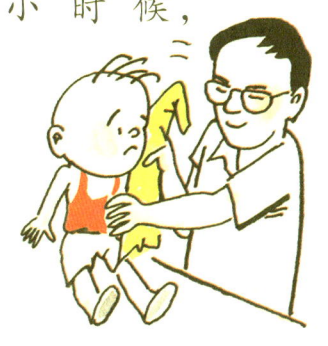

小时候，
爸爸给我穿衣服。

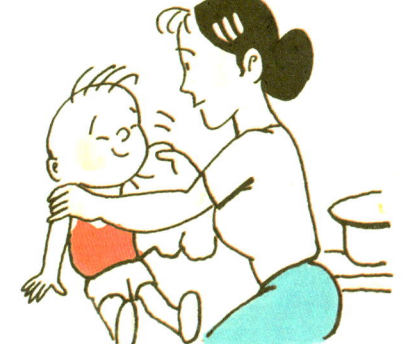

妈妈给我洗脸。

我长大了。

奶奶喂我吃饭。

自己穿衣服。
自己洗手。
自己洗脸。
自己吃饭。

28 你别说我小

妈妈你别说我小，
我会穿衣和洗脚。
爸爸你别说我小，
我会唱歌把舞跳。
样样事情学着做，
不久我要上学了。

29 种向日葵

春天到了。

乐乐种向日葵。　　乐乐天天浇水，向日葵长高了。

秋天，向日葵熟了。

春节到了，乐乐请大家吃葵花子。

30 雷锋叔叔的故事

哗哗哗,下大雨了。
老奶奶和小弟弟在泥水里走。

天黑了,小弟弟害怕了。

Léi Fēng shū shu bāng zhù lǎo nǎi nai bào xiǎo dì di
雷 锋 叔 叔 帮 助 老 奶 奶 抱 小 弟 弟。

Léi Fēng shū shu tīng jiàn kū shēng
雷 锋 叔 叔 听 见 哭 声。
Léi Fēng shū shu pǎo guò qù
雷 锋 叔 叔 跑 过 去。

31 捡到一分钱

我在马路边捡到一分钱,
送到民警叔叔手里边。
叔叔接过钱,对我把头点。
我高兴地说了声:
"叔叔,再见!"

32 刮风了

刮大风了。

我帮阿姨收衣服。

我叠衣服。

阿姨回来了,我把衣服给阿姨。

33 红花奖给她

"我帮你提。"

"我帮你拿。"

"我帮你洗。"

因为春花常常做好事,
所以红花奖给她。

34 乘凉

数星星

小星星，亮晶晶，
一二三四五六七八九十，
数来数去数不清。

天气真热！大家在大树下乘凉。

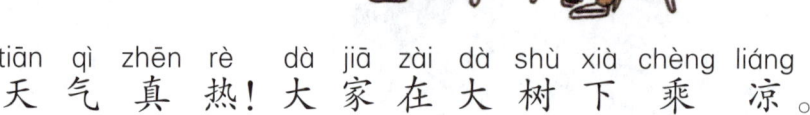

小朋友在捉迷藏。

35 天亮了

猜一猜

头戴大红帽,身穿五彩衣,
清晨喔喔啼,催我早早起。

吃完早饭,我上幼儿园。

妈妈去上班。

天亮了,妈妈叫我快起床。

下午,妈妈下班了。
妈妈接我回家。

36 小猫钓鱼

小猫在河边钓鱼。

小猫长大了。老猫叫小猫去钓鱼。

一只蜻蜓飞来了，

小猫没有钓着鱼。

小猫去捉蜻蜓，蜻蜓飞走了。小猫回家了。

第二天,小猫又去钓鱼。

蜻蜓又飞来了。小猫不去捉蜻蜓了。

小猫钓着了一条大鱼。

小猫提着鱼,高高兴兴回家去。

37 狼来了

从前，有一个小哥哥天天到山上放羊。有一天，他突然喊起来："狼来了！狼来了！"

种地的伯伯听见了，跑来打狼。小哥哥哈哈大笑，说："狼没来！"

伯伯很生气,叫他不要说谎。

过了几天,小哥哥又大喊起来"狼来了!狼来了!"

叔叔非常生气,
叫他不要说谎。

砍柴的叔叔听见了,
跑来打狼。小哥哥又哈
哈大笑起来,说:"狼没来!"

láng bǎ yáng chī diào le
狼把羊吃掉了。
hòu lái rén men cái bǎ láng dǎ sǐ
后来,人们才把狼打死。
xiǎo gē ge duì dà jiā shuō yǐ hòu
小哥哥对大家说:"以后,
wǒ bù shuō huǎng le
我不说谎了。"

guò le jǐ tiān láng zhēn de lái le
过了几天,狼真的来了。
gē ge biān pǎo biān hǎn láng lái le
哥哥边跑边喊:"狼来了!
láng lái le dàn shuí yě bù lái dǎ láng
狼来了!"但谁也不来打狼。

38 借书

"李华在家吗?""请进!"

"请坐。""别客气。"

"喝茶吧!""谢谢!"

"我想看书,你有吗?""有,给你。"

"明天还给你。""可以。"

"再见!""再见!"

39 是我打碎的

几个小朋友一起踢足球。

哗啦啦,一块玻璃碎了。

老奶奶问:"谁打碎了玻璃?"

毛毛低着头说:"是我打碎的。"

老奶奶说:"你是诚实的好孩子。"

40 杨杨这样做

公园里有很多花。杨杨喜欢这些花。可是,他不摘。

杨杨把废纸丢进果皮箱。

木马真好玩。杨杨排队骑木马。

杨杨告诉小朋友:"不要踩草坪

duì huà
41 对话

42 我都爱吃

43 小明的家

看图回答问题,
练习说话。

屋里有什么?

热水瓶放在哪里?

奶奶和爷爷在做什么?

小明在做什么?

谁在写字?

谁在织毛衣?

44 钉钉子

shuí yě bù chī
45 谁也不吃

46 向谁学习
xiàng shuí xué xí

47 爱护小树
ài hù xiǎo shù

48 小熊请客

小熊说:"你们吃呀!可是,谁也不吃。

现在,大家吃得多香啊!
这是为什么?

49 跟我说的相反

我说:"山上有塔。"
你说:"山下有亭子。"

编 写 说 明

听力残疾（包括聋和重听）幼儿（以下简称聋幼儿）是我国幼儿的一部分，约有七十万人。他们像正常幼儿一样，也是我们国家的未来。聋幼儿的康复工作是我国残疾人康复事业的一个重要组成部分。国务院颁布的《中国残疾人事业五年工作纲要（1988—1992）》明确提出了"对三万名聋儿进行听力语言训练"的"紧迫任务"，要求编写听力语言训练大纲和教材，以便用多种形式开展此项工作。

由于听力残疾，聋幼儿在言语形成的关键时期不能通过自然的途径学会说话，难于掌握人类社会中交往和思维的工具——语言。只有通过系统、科学的语言训练才可能使聋幼儿逐步理解和初步掌握有声语言。

全国三项康复工作办公室为适应聋幼儿语言训练的需要，组织有关同志编写了这套聋幼儿语言训练教材《学说话》。编写的指导思想是：根据我国的教育方针和国家规定的幼儿教育任务，结合聋幼儿特点，使他们体、智、德、美全面发展，补偿缺陷，在交往过程中适时地使聋幼儿的言语能力初步形成和发展，为进入学校打下语言基础。编写中注意到遵循思想性、科学性、补偿性、可接受性、渐进性、实用性等原则，吸取了国内外聋幼儿语训经验，努力使教材适合我国当前聋儿语训的实际。

这套教材专门为3～7周岁的聋儿学习和发展有声语言而编写。原则上每年使用一册。每册教材包括40课训练说话的内容和一定数量的练习课，均以"交往"为中心，将语音、词、句、看话、指语等训练和练习的内容有机结合而成。教材后有编写说明和对每课的教学提示，指出每课的训练重点、难点以及教法建议。第一、二册在训练课前安排了准备课内容。

在使用本教材时请注意：

（1）应根据聋幼儿的听力、智力、语言（特别是发音）的实际水平、年龄特点等具体情况，灵活安排教学训练的进度和采取不同的训练方法；把班组教学和个别辅导结合起来。

（2）语言训练形式要符合幼儿心理发展特点，主要应在游戏活动中进行，以激发聋幼儿学说话的兴趣。

（3）语言训练要和听觉训练有机结合起来。

（4）教学要有法而无定法。训练者可根据实际情况参考教学提示，发挥自己的主观能动性。教材的顺序可按具体情况适当调整，也可对教材内容作必要的增减。

（5）要充分发挥家庭的作用。可通过各种方式与家长建立密切的联系，共同对聋幼儿进行语言训练和教育。

（6）训练者应对全套教材的结构和系统性有所了解。知道每课的基本内容和要求，以便在训练过程中做好课与课、册与册之间的相互衔接。

这套教材的主编是朴永馨（北京师范大学特教研究中心）；助手是黎明和马岭梅（中国聋儿康复研究中心）；第一册编者为万选蓉（中国聋儿康复研究中心）；第二册编者为吴立平（北京第一聋哑学校）；第三册编者为蓝荫凤（天津市聋哑学校）；第四册编者为林涵瑾（北京第二聋哑学校）。

广州市聋哑学校简栋梁和南京特殊教育师范学校沈玉林同志也参加了这项工作。在教材编写过程中，得到了各地多位聋教育、医学、听力学、语言学等专家的热诚帮助，其中部分专家还参加了书稿的审定工作。几位热心的美术工作者为绘制插图付出了辛勤的劳动。华夏出版社为按时出版尽了最大的努力。对他们表示衷心感谢。

由于时间紧迫和编写水平有限，教材难免存在错误与不足之处，需在今后不断地修改完善。敬请聋儿康复教师、聋幼儿的家长和有关人士在试用中提出宝贵的意见。

编者
1990年6月

教 学 提 示

6～7岁的聋幼儿在前3年的语言训练中，已学习过汉语普通话中的30多个声母和韵母，学习过了近700个常用词汇以及大量的简单句式；他们已能使用相对完整的语句，并能在一定主题范围内与他人简单对话；使用的语句也不再仅限于直接摹仿，而且在一定程度上还能有所创新。就学语言的积极性而言，由于已意识到口语的交往作用并初步体会到应用口语的乐趣，本年龄段的不少聋幼儿能够主动地去学习口语。总之，他们已具备了最基本的口语交往能力。然而，这样的口语交往能力还远远不能满足他们的实际需求，需要教师和家长继续努力，在原有基础上进一步提高聋幼儿的听说能力，为进入小学就读打下坚实的语言基础。

本册教材分为训练课及练习课两大部分。

训练课部分是本册教材的重点，共有40课。前7课以语音教学为主，内容涉及15个复鼻韵母及7个平、翘舌声母，均为汉语普通话中较难掌握的语音，训练者要有充分的思想准备。第8～40课以培养聋幼儿口语交往技能为主，内容丰富多样。聋幼儿可在具体活动和实际交往中学习说话，并在学习说话中受到思想教育和发展智力、增加知识。训练者要尽力引导聋幼儿主动灵活地应用学习过的内容，以便在交往中进一步掌握语言。

第41～49课为练习课，以看图说话为主要内容，旨在复习、巩固聋幼儿学过的语句；培养他们积极参与口语交往的习惯，提高语言的实际运用能力。

教材后附有编写说明及各课的教学要求及提示。

通过本册教材的教学，力求使受训聋幼儿达到以下目标。

（1）较大幅度提高听（看）话能力。

（2）基本正确地理解和使用学过的词汇，主动参与日常口语交往，避免使用手势。

（3）很好地发出 a、o、e、i、u、ü 六个

单韵母，学发鼻韵母及平、翘舌声母。结合词语，努力掌握声调的发音技巧。进一步学习拼音，学会拼读短文，并借助拼音正音。

（4）学习并掌握300个左右新词，仍以名词、动词和简单词组为主，同时学一些其他词类的常用词，以提高交往能力。

（5）结合口语交往活动，学习并掌握7个以上的较复杂的句式（连动句等），开始学习简单复句（因为……所以……），学习并使用感叹句（"真好"等）。

（6）学习并背诵儿歌和谜语。

（7）认读130个左右的字词。

（8）在理解的基础上使用完整语句看图说话，能够复述简单故事的主要情节。

（9）掌握本册教材中所学声、韵母的指式。

本册教材中渗透了对聋幼儿思想品德教育的内容。教师和家长在教学过程中应该注意培养他们爱祖国、爱领袖、助人为乐、互相帮助、懂礼貌、讲卫生、爱劳动等高尚情操与良好习惯，为使其身心全面地健康发展，为准备入学打好基础。

1 an ng ang ian iang

要求

（1）初步掌握an（ng）、ang、ian、iang的发音、口形和指式及这些音的四声读法（根据聋幼儿听力情况，教师应对其提出掌握、基本掌握和了解四声的不同要求。以下课文中，有关四声的要求不再赘述）。初步会读本课中已出现的12个音节。

（2）学说词语（盘子、半个、放学、碗里、工作、忙、田、剪刀、糨糊、枪、凉鞋、年糕、香油、好香、啊）及句子。

（3）认读："有"、"自己"、"田"、"枪"、"凉鞋"、"面条"、"好香"。

提示

（1）教师在讲授发音前，可引导聋幼儿做深呼吸，做舌体操，舌体操内容如下。

1）上下运动：（嘴张开）舌尖向上齿抵，抵后复位，再用舌尖向上齿抵。重复以上动作8次。

2）舌根运动：口张开，舌尖下垂，舌根后缩，先让舌根隆起，顶住软腭，再让舌根稍离开软腭，如此反复8至16次，使舌根上下不断地运动。

然后，进行唱音练习：可结合要学习的新音，选部分有关的音进行练习。a—a—a—，i—i—i—i，n—n—n—n—，ga—ga—ga—，ga—ga—ga—。

（2）an、ng、ang、ian、iang的发音部位和发音方法。

an发音时，舌位放低，口大开，唇不圆，

发出 a 音；接着舌位渐渐升高，最后舌尖抵住齿龈，气流改从鼻腔而出，发出鼻音 n。

ian 是 an 的前头加上一个轻短的 i 结合成的。发音时，先发舌位高、唇形扁的 i；然后舌位渐降、发出接近 ê 的声音，再升高；最后舌尖抵住齿龈，气流从鼻腔出来，发出鼻音 n。—ng 是舌根鼻音，发音时，舌根抬起抵住软腭，声带颤动，气流从鼻腔出来。

ang 是 a 加舌根鼻音 ng 结合成的。这里的 a 比单韵母 a 舌位略后一些。发音时，舌头稍稍后缩，唇开不圆，发出 a 音；接着舌根接触软腭，气流改从鼻腔而出，发出鼻音 ng。

iang 是 ang 前头加 i 结合成的。发音时，舌面接近硬腭，唇扁，发出轻短的 i；接着的发音动作跟 ang 相同。

学习鼻韵母要注意以下几个问题（以下几课中的同类问题，不再赘述）：

1）以上的复鼻韵母并不是几个单韵母和 n 或 ng 机械的、简单的相加。发单韵母的时候，舌位和唇形始终如一，延长声音，音值不变。发复鼻韵母的时候，舌位和唇形有变动，起头的音和收尾的音不同，延长声音，只听见收尾的 n 或 ng。

2）要防止某个单韵母和—n 或—ng 分开念，要使发出的音听起来是一个整体，如 an，而不是 a 和 n。要让聋幼儿看清教师或家长在发这些音时舌位和唇形的变化、先以较慢的速度显示口形，然后再以正常的速度显示口形。

3）在教 an、en 或 ang、eng 等音时、可以采用"矫枉过正"的方法：发—n 尾时，舌头放平前伸，舌尖抵住上齿背，甚至可以让上下齿咬住舌尖；发—ng 尾时，舌根尽量后缩，舌尖下垂，口形可以稍开一些。

4）正音：当 n 音发不好时，教师或家长先发 n 音，让聋幼儿用手触摸大人的喉头和鼻子的一侧，感知喉头和鼻翼在颤动。当 ng 音发不好时，一方面可以让聋幼儿看口形：舌尖下垂，舌根后缩，抵住软腭，堵塞气流到口腔里的通路，用手可以触摸大人的喉头和鼻子的一侧，感知声带和鼻翼在颤动。另一方面可让孩子含一口水抬起头练习漱口，体会舌根抵住软腭，也可以用他说得较好的话如："哥哥"、"西瓜"等中的 g 音，引导到发 ng 音上来。

（3）结合实物、图以及演示动作，帮助聋幼儿正确理解"一个西瓜"、"半个西瓜"的意思。

（4）结合画面及演示动作，引导聋幼儿学说课文中出现的 8 句话。

（5）引导幼儿仿照课文中"什么里有什么"、"谁吃什么"的句式学说话。

（6）教学过程中要注意让聋幼儿把用耳朵听和眼睛看结合起来。

2　un　uan　uang　ün　üan

要求

（1）初步掌握 un、uan、uang、ün、üan 的发音、口形和指式及这些音的四声读法；初步会读本课中出现的 13 个音节。

（2）学说词语（车轮、一捆麦子、尾巴、短、长、一筐黄瓜、滚铁环、脏了、换衣服、一元钱、拳头、解放军、蛋卷、花卷、穿着、漂亮、连衣裙、老爷爷、打拳）及句子。

（3）认读："一捆"、"尾巴"、"换衣服"、"解放军"、"蛋卷"、"花卷"。

提示

（1）教师在讲授发音前，可引导聋幼儿做深呼吸、舌体操和唱音等练习（具体做法，同第 1 课提示）。

（2）un、uan、uang、ün、üan 的发音部位和发音方法（应注意的问题，同第 1 课提示）：un 是 u 加 en 结合成的。发音时，舌抬高接近软腭，唇拢圆，发出轻短的 u；接着的发音动作跟 en 相同。自成音节时写成 wen，前拼声母时写成 un，如 lun。

uan 是 an 的前头加上一个轻短的 u 结合成的。发音时，唇形圆，发出 u 音；接着的发音情况跟 an 相同。

uang 是 ang 前头加 u 结合成的。发音时，舌面隆起接近软腭，唇拢圆，发出轻短的 u；接着的发音动作和 ang 相同。

ün 是 ü 加 n 结合成的。这里的 ü，唇形没有单韵母 ü 那么圆。发音时，舌面接近硬腭，唇形撮起，发出 ü 音；接着的发音跟 in 的韵尾相同。

üan 是 an 前头加上一个轻短的 ü 结合成的。发音时，先念舌位前高、嘴唇撮圆的 ü；接着舌位降低，发出接近 a 的声音；舌位再升高，舌尖抵住齿龈，鼻腔出气，发出鼻音 n。

（3）读音节前，要复习与本音节有关的声母，做好正音工作。如要读 lun、kun、gun、duan、buan、huang、kuang，可以先复习 l、k、g、h、d 等声母的发音。可采取综合、分析、综合的方法学习新音节。

（4）结合实物、图及演示动作，帮助幼儿理解词语和句子的意思。

（5）看书上的图练习说话。提问："这是什么"，"那是什么"指图或实物回答："这是车轮"，"那是一捆麦子"。然后，再问："他是谁？""弟弟在做什么？""谁在打拳？"在聋幼儿练习说话时，教师应及时正音。对于发音特别感到困难的幼儿，教师不要勉强正音，以免产生反感，可以在其他活动或游戏中随时正音。

（6）教学过程中，注意对幼儿进行听（看）话的训练。

建议

为了复习和巩固本课所学的鼻韵母，可让幼儿选读下面的词语和句子："黄瓜"、"黄花菜"、"黄色"、"咽了"、"去睡觉"、"灯光"、"阳光"、"月光"、"手绢"、"挑选"、"圆圈"、"蹲下"；"妈妈给我买了一条漂亮的裙子"；"我爱吃蛋卷"。

3 en eng in ing ong iong

要求

（1）初步掌握 en、eng、in、ing、ong、iong 的发音、口形和指式及这些音的四声读法；初步会读本课中出现的 15 个音节；

（2）学说词语（开门、关门、一分钱、二分钱、五分钱、台灯、日光灯、缝衣服、毛巾、信、琴、钉子、买毛巾、写信、病了、红领巾、桶、做工、农民、种田、胸前、戴着、小红花）及句子。理解词语和句子的意思。

（3）认读："门"、"开门"、"关门"、"电灯"、"台灯"、"日光灯"、"毛巾"、"信"、"写信"、"做工"、"农民"、"种田"、"病了"。

提示

（1）教发音前，可组织聋幼儿做深呼吸、舌体操和唱音。

（2）en、eng、in、ign、ong、iong 的发音部位和发音方法（应注意的问题，同第 1 课提示）。

en 是 e 加 n 结合成的。发音时先念舌位处于中间（不前、不后、不高、不低）的 e；接着，舌位升高，舌尖抵住齿龈，气流从鼻腔出来，发出鼻音 n。

eng 是 e 加舌根鼻音 ng 结合成的。这里的 e 舌位比单韵母 e 稍低稍前。发音时，先念 e；接着，舌根抬起抵住软腭，气流从鼻腔出来，发出鼻音 ng。

in 是 i 加 n 结合成的。发音时，舌尖抵到下齿背后，舌面抬起接近硬腭，唇扁，发出 i 音；接着，舌尖从下齿背升到上齿龈，气流改从鼻腔而出，发出鼻音 n。

ing 是 i 加舌根鼻音 ng 结合成的。发音时，舌面接近硬腭，唇形扁，发出 i 音；接着，舌头后缩，舌根抬起抵住软腭，气流从鼻腔出来，发出鼻音 ng。

ong 是 o 加舌根鼻音 ng 结合成的。这里的 o 和单韵母的 o 不同，实际音值介于 o 与 u 之间，应当把 u 念得松一些来发这个音。发音时，舌位半高，唇形圆，发出 o 音；接着，舌根接触软腭，气流改从鼻腔而出，发出鼻音 ng。

iong 是在 ong 前头加个轻短的 i。这个 i 因受后面 o 的影响，唇形不太扁。会发 o，发 iong 就不难。

（3）读本课的音节前，应先复习声母 b、d、t、m、f、j、q、x、g、h，并做好正音工作。

（4）结合实物、图及演示动作，帮助幼儿理解词语和句子的意思。

（5）看图或实物开展"对话"活动。如："这是什么灯？""老师手里有几分钱？""这是什么？""工人做什么？""农民做什么？""冬冬哪儿戴着红花？"。

建议

（1）让聋幼儿选读下面的词语和句子，以巩固、学好鼻韵母的发音："一本书"、"脸盆"、"碰碰车"、"风"、"疼"、"能"、"不能"、"冷"、"钢琴"、"风琴"、"手风琴"、"电子琴"、"冰"、"花瓶"、"瓶子"、"钉子"、"听话"、"拧毛巾"、"青草"、"冬天"、"天空"、"教师弹琴"、"我们跳舞"、"你去关灯"、"小林开门"、"我们吃饼干"。

（2）为了让聋幼儿了解"写信"的概念，可以创设一个生动活泼的自由说话的情景，组织一次"写信"活动：围绕给生病的小朋友或老师"写一封信"，鼓励每个幼儿说几句话。内容是询问病好了没有；介绍幼儿园这几天的情况；希望他好好休息等。聋幼儿谁想说什么就说什么，不通顺的，教师给予指导。教师做好记录，整理后读给大家听。

4　在岸边

要求

（1）进一步掌握 a、e、u、ü、ün、an、ian、ong、eng、b、d、p、q 的发音，区分 b 和 d、p 和 q 的字形、口形，区分 an 和 ian，ü 和 ün，ang 和 eng 的口形。

（2）学说词语（风筝、放风筝、羽毛球、打羽毛球、岸边）和句子。

（3）认读："羽毛球"、"和"、"打羽毛球"。

（4）会用"谁在哪儿做什么"的句式说话。

提示

（1）可采用游戏的方法让聋幼儿区分拼音字母的字形。具体做法如下：教师先写好 b、d、p、q 四张字母卡片，每次发一张卡片给小朋友，要求持卡片的小朋友记住自己的名字叫"dd"（或叫 bb），然后让另一个小朋友向他问好，说："dd 你好。"说对了，把卡片给这位小朋友，说错了，拿卡片的小朋友就说："不，我不是 bb，我是 dd。"对方接着问好，直到说对了才能把卡片给他。

另外，还可以让四个小朋友来拿卡片，

看老师的口形或指式把卡片交给老师,或请另一个小朋友帮助老师"找人"。譬如,老师说:"pp在哪里?"这位小朋友就把拿p卡的小朋友拉到老师的身边坐下,老师说:"谢谢你帮我找到pp。"

（2）讲解本课插图,引导幼儿理解词语和句子的含义。学说句子。

（3）在角色游戏中创设情境,启发他们仿照课文中的句式学说话,如:"妈妈在屋子里织毛衣","爸爸在院子里浇花","爷爷在田里拔草","奶奶在厨房里择菜"。

5 z c s

要求

（1）初步掌握z、c、s的发音部位和发音方法、指式；能够初步整体认读音节zi、ci、si及四声；学会读本课的12个音节。

（2）学说词语（早上、写字、红枣、小刺猬、捉迷藏、厕所、洒水、拉来、三个、松球）及句子。理解词语和句子的意思。

（3）认读:"写字"、"厕所"、"洒水"、"三个"。

（4）会用"谁做什么"的句式说话。

提示

（1）教发音前,组织幼儿做深呼吸动作和舌体操；舌体操内容如下。

1）伸缩运动:舌尖向前伸出,然后逐渐缩回去。伸缩的速度可以由慢到快。重复以上动作8次。

2）抵齿运动:（上下齿对齐,只露出一条窄齿缝）舌尖用力抵上下齿背,舌向里缩,缩了再抵。重复以上动作8次。

（2）z、c、s音的发音部位和发音方法。

z、c、s是一组舌尖前音,发音部位是舌尖和齿背,但发音方法不同。

z 舌尖前不送气清塞擦音。发音时,声带不颤动,舌尖平伸,抵住上齿背,闭住气流通路,然后舌尖慢慢地离开上齿背,露出一道空隙,气流从空隙中挤出来。上下齿对齐,没有距离。

c 舌尖前送气清塞擦音。z和c的发音区别不大,不同的地方在于c是送气音。发c的时候,有一股显著的气流透出来。如果在嘴边放一张小纸片可以看见纸片在动,而发z音时纸片基本不动。

s 舌尖前清擦音。发音时,声带不颤动,舌尖接近上齿背（注意:z音是抵住上齿背。）气流从窄缝中挤出来。上下齿对齐,没有距离。如果把手放在嘴边可以发现发s音时送出来的气很长,而c音送出来的气很短很急。

以上3个音的舌位不易看清,在教发音时可用手搭成口腔的形状,并演示出舌头的

位置和如何活动。口腔形状及舌位与动作搭制办法如下图:

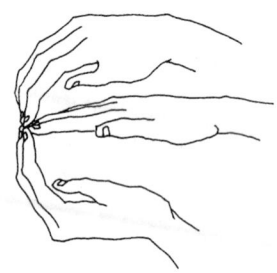

教师可请一位小朋友用双手搭成口腔内上下齿的位置;然后,教师将自己的一只手平伸在小朋友的双手之间,根据发音方法及舌位和动作演示发音时的情况。如能用模型显示,则效果更好。当聋幼儿发不好这些音时,要充分发挥其残余听力的作用。

(3)读音节前,复习 a、e、ao、ai、an、uo、ang、ong。

(4)仿照课文中的句式,结合实际或演示动作说话:"我们做操"、"老师写字"等。

6 昨天 今天 明天

要求

(1)进一步学习 z、in、ing、ang、ong 的发音,会读新的音节,会打指语。

(2)学说词语(昨天、今天、明天)及句子。初步理解词语和句子的意思。

(3)认读:"昨天"、"今天"、"明天"、"幼儿园"。

提示

(1)幼儿对理解和使用"昨天"、"今天"、"明天"这三个词,有一定的困难,要不断结合实际学说话。在长期的使用中逐步理解其意思。如:"明天,爸爸要带我去公园玩";"今天,爸爸和我去公园玩";"昨天,爸爸和我去公园玩。"

(2)认一认日历。学说话时可边翻日历,边练习说话:"明天,我们去看电影","今天,我们去看电影","昨天,我们去看电影"。

7 zh ch sh r

要求

(1)初步掌握声母 zh、ch、sh、r 的发音部位和发音方法,会打指式;能整体认读音节 zhi、chi、shi、ri 及这些音节的四声;初步会读本课出现的 17 个音节。

(2)学说词语(种花、折纸、桌子、擦桌子、出来了、小虫、吹泡泡、山上、山下、河水里、星期日、吃肉)及句子。理解词语和句子的意思。

(3)认读:"种花"、"折纸"、"桌子"、"出来"、"小虫"、"吹泡泡"、"山上"、"山下"、"河水里"、"吃肉"。

提示

（1）教发音前，可组织聋幼儿做深呼吸、做舌体操，舌体操内容如下。

1）翘舌运动：舌尖稍稍翘起来，舌尖先抵上齿背、再抵齿龈、最后使舌抵到齿龈与硬腭的交界处。重复以上动作8次。

2）抵腭运动：舌尖抵上腭，舌尖稍离开上腭，舌尖再次抵上腭。重复以上动作8次。

（2）zh、ch、sh、r音的发音部位和发音方法。

zh、ch、sh、r是一组舌尖后音，即平时我们常说的翘舌音。发音部位是舌尖和硬腭前，但发音方法不同。

zh　舌尖后不送气清塞擦音。发音时，声带不颤动，舌尖稍稍翘起来顶到齿龈与硬腭的交界处，堵住气流通道，然后露出一道窄缝，气流从窄缝中挤出来。上齿下齿之间稍稍离开，对镜观察可以看到翘起的舌头的底面。

ch　舌尖送气清塞擦音。发音与zh差别很小，只是窄缝里挤出来的气流较显著，是送气音（可用纸片试试气流）。

sh　舌尖后清擦音。发音时，声带不颤动，舌尖稍稍翘起来跟硬腭前端接近，露出一道窄缝，气流从缝隙中挤出来。上齿和下齿之间的距离与zh和ch一样（用手可以感知送出来的长气）。

r　舌尖后浊擦音。r和sh发音时的不同之处是发r的时候，要颤动声带，发sh的时候声带不颤动。

以上4个音的舌位不易看清，在教发音时可用手搭成口腔的形状。并演示舌头的位置与活动状态。（搭制方法及有关提示，可参见本册第77页。）

（3）读音节前，复习u、ü、ui、en、ou、uo、ou、uo、ang。

（4）学说课文中出现的词语和句子时，重点纠正zh、ch、sh、r的发音。

（5）比一比"看谁说得好"。教师任意指课文中的某一幅插图，幼儿练习说话，如老师指第15页的"河"，幼儿说："河水里有好多鱼"或"鱼在水里游"。只要发音基本正确，语句基本通顺就可以说他"说得好"。

（6）通过郊游，到公园、动物园等处活动，仿照课文中的句式"谁做什么"，"什么吃什么"，"哪儿有什么"，"谁看见什么"，学习说话。

8　折纸

要求

（1）进一步学习zh、sh的发音，复习l、n、g、k、h、a、o、e、i、u、ao、iao。学习拼读

本课的音节。结合音节学发声调。

（2）学说词语（教、我们、折纸蛙、折纸衣、折纸裤、折纸鸟）和句子。

（3）会用"谁会做什么"的句式说话。

（4）认读："我们"、"会"。

提示

（1）组织一次折纸活动，让小朋友说说自己折的是什么。

（2）参考对话：

问："你会折小鸟吗？"

答："我（不会）会折小鸟。"

问："你教我折小鸟好吗？"

答："好的。"

问："你折的小鸟会飞。我折的小鸟怎么不会飞？你教我折小鸟好吗？"

9 猜谜语

要求

（1）进一步学习 c、ch 的发音、并掌握 j、q、x、sh、z、ua、ai、ao、üe、ian、iang 的发音，学会拼读新词的音节。

（2）学说词语（牙刷、牙膏、肥皂、香皂、洗脸、刷牙、奶奶、洗衣服、洗澡）及句子。理解谜语的意思。

（3）认读："肥皂"、"香皂"、"奶奶"、"刷牙"。

（4）背诵谜语。

提示

（1）在讲谜语时，可把肥皂拟人化进行演示，使聋幼儿理解谜语的意思。

（2）可根据实际情况，练习说出下列词语："肥皂盒"、"洗头发"、"洗手"、"洗脚"、"刷鞋"、"刷衣服"、"刷洗黄瓜"。

（3）结合实际让聋幼儿用"洗"和"刷"练习说话。

10 找朋友

要求

（1）学说音节 zhao、shou、peng、xing，进一步掌握发音技能。

（2）学说词语（找朋友、找、找到、行礼、握手）及句子，理解词义。

（3）认读："行礼"、"好朋友"、"你"、"找朋友"、"再见"。

（4）懂得小朋友之间要团结友爱。

提示

这是一首大家非常熟悉的儿歌。在聋幼儿理解词义，会说儿歌的基础上，教师可以组织幼儿们做找朋友的游戏。游戏的方法是：小朋友们站成一个圆圈，先请一位小朋友出来，用跑跳步，边跑跳边说儿歌，然后站到被找的另一位小朋友面前。两个小朋友互相行礼、握手，说:"行个礼，握握手!"互相用手指着对方，"你是我的好朋友，再见!"接着，由刚才被找的小朋友用同样的方法去找另一位好朋友。依次玩下去。

11 八 九 十

要求

（1）能看图或看实物从一数到十。发音基本正确。

（2）学说词语（八只猴子、九只鸭子、十只青蛙、打水、游水）及句子。

（3）认读:"八"、"九"、"十"。

提示

（1）在讲授本课前，可以先让孩子们用其他的实物数一至七的数并正音，然后让孩子们再数本课插图上的猴子、鸭子和青蛙。

（2）结合课文插图及演示动作，理解句意。

12 毛主席爱儿童

背景故事

解放前，毛主席住在延安。

有一天，毛主席乘汽车到一个村子里开会。毛主席刚一下车，就有人高兴地喊起来，"毛主席来了! 毛主席来了!"人们立刻向毛主席围拢过来。毛主席微笑着向乡亲们招手。大家见到了毛主席，高兴极了。小朋友们都挤进人群，靠在毛主席身边。

一个叫银花的小女孩突然从人群中挤出来，飞快地跑回家。银花跑进家门，大声喊:"妈妈，毛主席来啦! 快去看呀!"可是银花弟弟正在发高烧，脸烧得通红，病得很厉害。怎么去啊! 银花妈拿了一条被子，把小弟弟裹好，抱在怀里，出了门。一位老大娘看见了，大声说:"银花妈，你孩子病得这么厉害，还抱出来吹风!"

毛主席听见老大娘的话，向银花妈走来，非常关切地问:"孩子有病吗？"毛主席轻轻地揭开小被子，仔细看了看，小弟弟眼睛闭得紧紧的，浑身直抽动。毛主席伸手摸摸孩子的额头，烧得烫手。毛主席马上叫司机把汽车开过来，赶快把孩子送到医院。

到了医院，医生检查后说:"要是晚来一点儿，这孩子的病就没治了。"经过医生精心的治疗，小弟弟的病好了。

银花妈妈抱着孩子回到村里，见人就说:"是毛主席救了我的孩子!"

要求

（1）学说词语（司机、送、医院医生、治病、病了、病好了）。

（2）学习看图讲故事。

（3）认读:"毛主席"、"司机"、"送"、"病了"、"病好了"。

提示

《毛主席爱小朋友》的故事很长，为了让聋幼儿在听了老师讲的故事后，会用简单的话讲述故事内容，我们把故事缩写成 5 个短句。家长和教师可根据聋幼儿的实际情况讲述故事的主要内容，然后让孩子看图学说话、讲故事。

13 周总理爱我们

要求

（1）进一步掌握 iong、xiao、shuo、hua、huai、nian 等音节的读音。

（2）学说词语（周爷爷、聋校、聋孩子、说话）及句子。

（3）认读："北京"、"聋校"、"说话"、"聋孩子"。

提示

（1）本文的背景是 1971 年 4 月 30 日，我们敬爱的周恩来总理陪同西哈努克亲王和夫人到北京第三聋哑学校参观。总理到语言训练班听课，还站在讲台上用较慢的速度说话，教聋孩子说："打败美国侵略者及其一切走狗。"同学们齐声读了这句话。西哈努克亲王听了，高兴地用汉语高呼："毛主席万岁！"同学们齐呼："西哈努克亲王万岁！毛主席万岁！"一个半小时的参观活动结束了，师生们目送着远去的汽车，久久地思索着、回忆着。

（2）学习本课要使聋儿初步知道，周恩来总理日理万机，还陪同外宾到聋校参观，亲自教聋孩子学说话，这体现了周总理对聋孩子的关怀和爱护；周总理虽离开了我们，但他永远活在我们心中。

14 下雪了

要求

（1）进一步学习 üe、ui、ang、eng、ing、x、d、zh、sh 的发音。

（2）学说词语（下雪了，屋顶上、树上、地上、白了、打雪仗、高兴）及句子，理解词义。

（3）学说本课的两个句子。

（4）认读："下雪了"、"地上"、"白了"、"他们"。

提示

（1）充分让聋幼儿观察图，有条件的可进行现场教学。还可以组织他们玩堆雪人、打雪仗，但要注意时间别太长，以免冻坏小手，并要注意安全。

（2）教学中，注意加强听（看）话的训练。

15　我是中国人

要求

（1）初步知道自己是中国人，要爱中国。认识天安门，知道天安门在北京。

（2）进一步学习 sh、r、ai、ei、an、en、ian、ao 的发音。

（3）学说词语（是、中国人、北京、天安门）及句子。

（4）认读："中国人"、"天安门"。

（5）用"是"、"爱"说句子。

提示

可结合课文插图、画报、图片、帮助幼儿理解句意。

16　体育运动

要求

（1）幼儿积极参加各项体育活动。

（2）进一步掌握 j、q、x、uan、üan、ong、iong 的发音，会读音节 zuan、quan、yuan。

（3）学说词语（爬竿、骑车、钻圈、举重、螃蟹、乌龟）及句子，并理解词义。

（4）认读："骑车"。

提示

可结合实际补充活动内容，学说"接力"、"投包"、"拍球"、"小明和小冬拍球"等词语和句子。

17　滑滑梯

要求

（1）进一步掌握 d、t、m、f、ei、uan、uang 等音的发音，学读词语的音节。

（2）学说词语（滑梯、滑滑梯、撞倒了、哭了、扶、一座、对不起、没关系）及句子。理解词语和句子的意思。

（3）认读："滑滑梯"、"哭了"、"对不起"、"没关系"。

（4）初步懂得不小心撞了别人也要向别人道歉。

提示

指导观察画面时可提问："小朋友们在做什么？""滑滑梯时发生了什么事？""小明撞倒了小红以后是怎么做的？""小明说什么？""小红是怎么回答的？"让幼儿练习对话。

18　好孩子

要求

（1）知道父母工作一天很辛苦，要爱父母，为他们做一些自己力所能及的事。向书中的小朋友学习，做个好孩子。

（2）进一步掌握 b、p、ie、ei、an、eng

的发音。初步学习借助汉语拼音学词、学句。

（3）学说词语（接过、手提包、拖鞋、扇子、凳子、给、搬）及句子。理解词句的含义。

（4）认读："给"、"手提包"、"扇子"。

提示

可向聋幼儿提问：爸爸、妈妈回到家，你帮妈妈、爸爸做什么？然后，让幼儿结合自己的实际情况回答问题，练习说话。

19　洗手帕

要求

（1）进一步掌握 b、p、m、f、d、t、l 的发音，读音节 ba、pen、li、le、lai、liang、ming、fang、duan，并结合音节学四声。

（2）学说词语（端来、一盆水、洗手帕、干净、晾手帕、绳子）及句子。理解词句的含义。

（3）练习用"洗"说几句话。

（4）认读："晾"、"干净"。

（5）知道从小就要爱劳动。

提示

可教儿童洗手帕、袜子等小件物品。结合实际仿照课文学习说话。

20　糖是甜的

要求

（1）进一步掌握 d、t、n、l、j、q、x、c、s 的发音；会读音节，并结合四声，读出：tian、tang、you、yan、ni、na、ca、suan、xie。

（2）学说词语（糖、盐、酱油、醋、甜的、咸的、酸的）及句子。理解词句的含义。

（3）学会回答问题。

（4）认读："甜的"、"咸的"。

提示

（1）可让聋幼儿边品尝边学词学句，理解词句的含义。

（2）可以让小朋友尝一尝苦辣味食品的味道，以便于学习。

（3）启发小朋友回答问题：说一说自己吃过的东西，"哪些是甜的？""哪些是咸的？""哪些是酸的？"

21　一个玉米

要求

（1）学说词语（玉米、掉下来、好孩子）及句子。理解词句的含义。

（2）能够按故事发展顺序根据最后一幅图把故事的结尾说出来。

（3）认读："玉米"、"掉了"。

提示

指导幼儿仔细观察画面，可以提问："玉米怎么会掉下来？""小朋友看见玉米掉下来，是怎么做的？""老爷爷听见喊声会怎样？"然后，可以让小朋友说一说最后一幅图的意思，让小朋友根据自己的体会练习说话。譬如可以让小朋友招招手，说："老爷爷，再见！"老爷爷也说："小朋友，再见！"老爷爷就拉着车走了。

22　告诉爸爸和妈妈

要求

（1）使聋幼儿能够在交往中主动使用语言，把自己经历过的事情告诉父母、老师和小朋友。

（2）进一步掌握 zh、ch、sh、r、z、c、s 的发音，学习这些音的发音部位和发音方法，并能借助拼音学习词语。

（3）学说词语（告诉、吵架、别吵、弯弯、长长、喜欢、头上、爬）及句子。理解词句和谜语的含义。

（4）学说谜语，知道谜底。

（5）认读："告诉"、"吵架"、"别吵"、"头上"、"爬"。

提示

（1）帮助聋幼儿运用学过的语言把自己经历过的事情告诉别人，使他们在不断的交往中积累语言，丰富语言。

（2）在学习谜语时，要用实物帮助小朋友们理解梳子的主要特征。

23　我的老师

要求

（1）初步使聋幼儿知道老师教小朋友学说话，学跳舞……很辛苦，老师爱小朋友，小朋友也要爱老师。

（2）进一步掌握 g、k、h、ng 的发音，学习读音节 lao、hao、ge、gei、gai、ke，并结合音节学习四声。

（3）学说词语（许多、玩具、睡觉、被子、盖被子）及句子。理解词句的含义。

（4）认读："玩具"、"睡觉"、"被子"。

（5）学会用"谁教谁做什么"的句式说话。

提示

可启发聋幼儿仿照"我的老师"说一说"我的爸爸"、"我的奶奶"等。进一步使他们知道自己的成长离不开父母师长的爱抚和培养，所以要尊敬师长，尊敬父母。

24　送伞

要求

（1）进一步区分 s 和 sh 的发音，学读音节 shi、san、song，结合音节学读四声。

（2）学说词语（送、雨伞、报告、请进）及句子。

提示

可根据本课图意和句子，创设情境，让个子稍大的孩子当老师，再找一个幼儿当小朋友进行对话练习。

25　扮老公公

要求

（1）进一步掌握 an、ian、ai、uai、ao、iao 的发音，区分口形；学习读音节：mo、mao、mei、bai、ban、dian、shuai，并结合音节学发四声。

（2）学说词语（扮老公公、胡子、眉毛、腰、脚、点头、弯腰、摸、大家、哈哈笑）及句子。理解儿歌的主要意思，并会背诵。

（3）认读："老公公"、"胡子"、"眉毛"。

提示

结合图画和表演学说词语和句子，学读儿歌，帮助孩子理解儿歌的意思（譬如，可以让幼儿说说老公公的样子）。

本文是扮演老公公的小朋友摔倒后把胡子掉了，逗得大家哈哈笑。在教学中应注意提醒孩子，在现实生活中见到老爷爷摔倒了，不要笑，要帮助搀扶起来。

26　我要小书包

要求

（1）进一步掌握 g、k、h 的发音。会读音节 er、he、huan、ge，并结合音节学读四声。

（2）学说词语（儿童节、要、不要、书包、文具盒）及句子。理解词句的含义。

（3）认读："要"、"不要"、"书包"、"儿童节"。

提示

（1）结合实际讲解，让聋幼儿知道书中的小朋友为什么不要玩具，而要书包。

（2）组织聋幼儿在表演中学习本课中的对话。

（3）结合演示，让聋幼儿用"要"、"不要"练习说话。

（4）结合演示用"谁给谁做什么"的句式练习说话。

（5）让聋幼儿把自己身边发生的事告诉老师或小伙伴。

27　自己的事自己做

要求

（1）进一步掌握 z、c、s、zh、ch、sh、r 的发音。读音节 zi、zuo、zhang、chuan、shi。

（2）学说词语（小时候、自己、长大了、穿衣服）及句子。

（3）初步理解自己长大了，自己能做的事，要学着做，不要事事依赖大人。

（4）认读："自己"、"长大了"、"穿衣服"、"洗手"、"洗脸"。

提示

（1）用聋幼儿自己"小时候"和"长大了"的照片对比讲解，帮助他们理解词义。

（2）与聋幼儿谈话时，要充分利用本课的插图，使他们知道自己小时候许多事是大人帮助做的，现在长大了，快上学了，自己能做的事要自己做。可指图问孩子，"小时候谁帮你做这些事？""现在长大了，你会做哪些事？"

28　你别说我小

要求

（1）进一步读好下面的音节：bie、shuo、yang、shi、qing、jiu。

（2）学说词语（别说、唱歌、洗脚、样样、不久、上学）及句子。理解词语的意思和儿歌的内容，注意朗读和背诵儿歌时的语气和表情。

提示

可用书中的插图练习说话，如"我会扫地"等。

29　种向日葵

要求

（1）读音节 xiang、ri、kui、chun、zhong、jiao、shui、zhang、gao、le、qing、chi，注意声母和韵母的发音。

（2）学说词语（向日葵、种向日葵、春天、浇水、长高了、熟了、春节、葵花子）及句子。理解词语和句子的意思。

（3）认读："春天"、"浇水"、"长高了"、"葵花子"、"春节"。

提示

用实物（葵花子）和描绘四季的彩图，帮助幼儿理解词义（春天、暖和、夏天、秋天、熟了、春节）。

30　雷锋叔叔的故事

要求

（1）读音节 lei、gu、ni、hei、hai、hua，注意声母和韵母的发音。

（2）学说词语（雷锋叔叔、故事、泥水、

天黑了、害怕、听见、哭声、帮助、下大雨）及句子。理解词语和句子的意思。

（3）认读："雷锋叔叔"、"听见"。

（4）初步了解雷锋叔叔的事迹，知道要向雷锋叔叔学习。

提示

（1）提出几个小问题，让他们边观察课文插图边思考，尽量帮助孩子把话说好。

（2）根据聋幼儿的听力语言情况和接受能力，讲一些雷锋的故事。

31 捡到一分钱

要求

（1）能在老师帮助下，借助汉语拼音说词、读儿歌。

（2）学说词语（马路边、捡到、送、民警叔叔、把头点〔点头〕、高兴）及句子。并理解儿歌的意思。

（3）认读："马路边"、"捡到"、"手里"、"高兴"。

（4）初步懂得拾到物品要交公，不是自己的东西不要。

提示

可组织聋幼儿表演这个儿歌，在表演时可加上一句话："叔叔，我在马路边捡到一分钱。"如果以小朋友自己的事例为素材，则可以把这句话改成："王老师，我在院子里捡到一块手帕。"然后把手帕交给老师。

32 刮风了

要求

（1）读音节 gua、uo（wo）、diao、hui、lai，注意声母和韵母的发音。

（2）学说词语（刮风、刮大风、收衣服、叠衣服、回来）及句子。

（3）用"谁把什么给谁"的句式学说话。

（4）认读："刮风"、"收衣服"、"回来"。

提示

（1）在指导观察画面时，提问："这些衣服怎么会掉到地上了？""这些衣服是谁的？""这个小朋友为什么要收衣服？""她在做什么？""她把衣服给了谁？"

（2）演示动作，启发他们用"谁把什么给谁"的句式说话。

33 红花奖给她

要求

（1）读音节 yin、wei、suo、yi、jiang、chun、hua、zuo、hong、chang，注意声母和韵母的读音。

（2）学说词语（提、因为、所以、奖给、红花、常常、做好事）及句子。逐步理解因果关系的复句。

(3)认读:"做好事"、"红花"。

提示

要充分利用课文中的前三幅插图和后一幅插图之间的关系,让幼儿理解最后一句话的意思;经常结合实际,让聋幼儿理解和学习使用这种句式,譬如,因为他赛跑得了第一名,所以老师奖给他一块手帕。

34 乘凉

要求

(1)读音节 re、xing、jing、cheng。能借助汉语拼音读词、说句子。

(2)学说词语(天气、真热、乘凉、数星星、数不清)及句子。理解本课句子的意思。学会背诵儿歌。

(3)认读:"真热"、"乘凉"、"星星"、"数不清"。

提示

(1)充分指导聋幼儿观察课文中的图画,在观察中进一步教他们学习语言。如:让孩子观察乘凉的人,说出有的人站在大树下乘凉,有的坐在大树下乘凉,有的手里拿着羽毛扇,有的拿着折扇,等。

(2)学说《数星星》这首儿歌时,老师可在讲过星星的特点(星星的特点:多,亮,好象在眨眼睛。)后问:"天上的星星是什么样子的?""你数过天上的星星吗?""数得过来吗?"

(3)听(看)老师说儿歌。

(4)夏日的夜晚老师或家长可带孩子看星空,数星星,增加他们的感性知识。

35 天亮了

要求

(1)读音节 cui、kuai、chuang、chen、cai、zao,注意声母和韵母的发音。能借助汉语拼音说词、读句。

(2)学说词语(天亮了、快起床、吃完、上幼儿园、上班、下班、大红帽、五彩衣、清晨、早起)及句子。

(3)认读:"天亮了"、"快起床"、"吃早饭"、"上幼儿园"。

(4)知道天亮了大人一叫自己就要快起床,不磨蹭。

提示

学习谜语时要让小朋友仔细观察课文的插图或实物(大公鸡);帮助他们理解公鸡的主要特征。

36 小猫钓鱼

要求

(1)能借助汉语拼音读词、说句。

（2）学说词语（钓鱼、河边、蜻蜓、飞来了、飞走了、空着手、回家了、第二天、又提着、高高兴兴）及句子。学会看图讲故事。

（3）知道做事要专心。

提示

（1）把书上的图放大，做成活动教具，随讲随往大图上放（贴）东西，帮助孩子理解故事内容。

（2）制作一些头饰和道具，组织孩子们表演小猫钓鱼。在表演中进一步理解故事内容。

（3）指导孩子运用学过的语言，看图讲故事。

37 狼来了

要求

（1）学说词语（放羊、有一天、突然、喊、听见、生气、说谎、狼来了、不说谎）及句子。

（2）认读："听见"、"生气"、"以后"、"不说谎"。

（3）知道不要说谎。

提示

同第 36 课提示部分的（1）和（2）。

38 借书

要求

（1）能借助汉语拼音学习词语的读音。

（2）学说词语（请坐、别客气、喝茶、想看书、借、还、可以）及句子。

（3）认读："看书"、"可以"。

（4）知道进别人的房间要先敲门，到别人家作客，不能乱动乱翻东西。借别人的东西要还。客人来了要请客人坐，请客人喝茶，要会说有关的礼貌用语。

提示

组织小朋友表演对话内容。表演对话前要先教会孩子说，鼓励他们灵活运用语言。

39 是我打碎的

要求

（1）进一步掌握 zh、ch、sh、r 的发音部位和方法。能借助汉语拼音读词读句。能较好地读出声调。

（2）学说词语（打碎、玻璃、哗啦啦、几个、踢足球、低着头、摸着、诚实）及句子。

（3）认读："低着头"、"诚实"。

（4）知道要做一个诚实的好孩子。

提示

（1）"诚实"一词较难理解，可以通过实例或讲故事，帮助聋幼儿正确理解词义。

（2）讲解时可提问："是谁打碎了玻璃？""他打碎谁的玻璃？""老奶奶为什么说他是个诚实的好孩子？"

40　杨杨这样做

要求

（1）进一步掌握 b、p、m、f、g、k、h 的发音部位和方法。能借助汉语拼音读词、读句。

（2）学说词语（很多、这些、可是、不摘、踩、不要踩、草坪、废纸、丢进、果皮箱、真好玩、骑木马）及句子。理解词语和句子的意思。能有表情、有语气地读句子。

（3）认读："果皮箱"、"骑木马"。

（4）知道到公共场所要爱护公物，保持卫生，不乱丢果皮杂物，在玩耍时要有秩序、守纪律。

提示

组织聋幼儿到公园游玩，让他们在活动中学习使用语言。

41　对话

本课主要内容

（1）一个小朋友的铅笔芯断了，另一个小朋友说："用我的铅笔吧。"

（2）玩儿玩具时，一个小朋友说："你先玩儿。"另一个小朋友说："我们一起玩儿。"

（3）一个小朋友摔倒了，另一个小朋友帮他揉胳膊，问："还疼吗？"这个小朋友说："不疼了。"

（4）一个小朋友手受伤了，另一个小朋友跑过来帮助他拧毛巾。他说："谢谢。"

要求

能灵活地运用学过的语言。

提示

（1）帮助小朋友根据图意进行对话表演。

（2）可根据本班聋幼儿中的事例画几幅图，让聋幼儿回忆当时的情景练习对话，鼓励他们向别的小朋友学习。

42　我都爱吃

本课主要内容

我爱吃白菜。我爱吃萝卜。
我也爱吃芹菜和西红柿。
我还爱吃豇豆和茄子。
这些菜我都爱吃。

要求

（1）进一步掌握 z、c、s 和 j、q、x 的发音部位和方法。

（2）能用学过的词语看图说话。

（3）知道不挑食，才会身体好。

提示

可提供实物或图片诱导聋幼儿说说自己爱吃什么，用"也爱"、"还爱"、"都爱"说句子。

43　小明的家

本课主要内容

屋里有床、沙发、茶几、电冰箱，妈妈坐在床上边织毛衣边看电视。爷爷和奶奶坐在沙发上看电视。

另一间屋子里有双人床、大小柜子，大柜子上放着一个箱子，小柜上放着一个热水瓶、杯子和花瓶。小明坐在椅子上看书。爸爸在写字。

要求

（1）进一步运用学过的词语和句子说话。

（2）说话时，语音基本正确，语句基本通顺，有语调。

（3）能看图回答问题。会用"谁在做什么"、"哪儿有什么"或"哪儿有什么，有什么，还有什么"的句式练习说话。

提示

（1）练习说话前，指导聋幼儿观察画面，复习学过的词语和句子。

（2）根据聋幼儿具体情况以不同的要求，引导他们仿照句式看图回答问题。

（3）注意纠正发音和语调，引导他们把话说通顺。

44　钉钉子

本课主要内容

小朋友们坐在椅子上玩。一个小朋友刚站起来，他的裤子就被椅子上凸出来的钉子划了一道口子。另一个小朋友看见了，马上去找来小锤子钉钉子，然后把钉好的椅子给那个小朋友送去。

要求

（1）（2）同第43课要求。

（3）会用"谁在哪儿做什么"、"谁做什么"和"谁把什么给谁"的句式练习说话。

提示

（1）练习说话前，指导聋幼儿看图，复习学过的词语。

（2）引导聋幼儿仿照句式把话说通顺。

（3）正音时，要充分利用助听设备、指式、视觉和触觉。

45　谁也不吃

本课主要内容

幼儿园里有一棵枣树，一阵大风吹过，地上掉了许多枣。小朋友们都来捡枣。有的蹲着捡，有的弯着腰拾，有的正在把捡到的枣放到大盆里，大盆里的枣越来越多，可是谁也没吃一粒枣。

要求

（1）会用"刮风了"、"掉了"、"许多"、"都"、"捡"等词语说句子。

（2）会用"谁做什么"、"谁把什么放在哪儿"的句式练习说话。

（3）说话时，语音和语调基本正确，语句基本通顺。

提示

（1）练习说话前，要指导聋幼儿看图，并复习学过的词语和句式。

（2）语句的长短，应根据聋幼儿的不同情况做不同的要求。

（3）要注意正音和正调。

46　向谁学习

本课主要内容

本页画的是一组对比图。上图主要内容：一个小朋友睡前把衣服、裤子、袜子、鞋摆放好。第二天早上起床后顺利地穿好了衣裤袜鞋。还把被子叠放好。下图主要内容：一个小朋友睡前把脱下的衣服裤子等东西乱丢乱放，第二天起床后找这找那，把东西翻个乱七八糟。起床后不叠被子，床上乱糟糟的就抱着球出去玩。

要求

（1）（2）同第43课的要求。

（3）会用"谁把什么放在哪儿"的句式说话。

提示

（1）练习说话前，要引导聋幼儿去发现两个画面的异同。

（2）在观察两图时，可启发聋幼儿运用"什么地方有什么、有什么、还有什么"的句式说话。

（3）对比上、下图，使他们知道向谁学习。

47　爱护小树

本课主要内容

小学生在种树。有个小朋友把树弄弯了，荡着玩，另一个小朋友走过来向他摆摆手，告诉他要爱护小树。小朋友把写有"爱护小树"的小木牌挂在树上。小朋友们常常给小树浇水。小树长大了。

要求

（1）（2）同第43课要求。

（3）会用"谁做什么"、"谁告诉谁什么"的句式练习说话。

提示

（1）让小孩独立观察画面，说说里面有什么。

（2）要让小孩知道，小树不是自己长弯的，是给弄弯的。

（3）要让小孩明白，怎样做才算"爱护"小树。

（4）要求小孩说话要有语调。

48　小熊请客

本课主要内容

　　有一天小熊请小兔、小猫、小羊、小狗和熊猫到他家做客。小熊请熊猫吃萝卜，请小兔吃鱼，请小猫吃草，请小羊啃骨头，请小狗吃竹子。饭菜都放好了，小熊说："你们吃呀！"可是谁也不吃。

　　小熊见大家都不吃东西，他就想：他们为什么都不吃呀！突然小熊像想起了什么似的把桌上的东西换了一下位置，小兔高兴地吃着萝卜，小猫吃着鱼……大家吃得多香呀！

要求

　　（1）进一步加深对"喜欢"、"爱"的理解。
　　（2）会用"谁吃什么"、"谁喜欢吃什么"（或"谁爱吃什么"）、"谁请谁吃什么"的句式说话。
　　（3）说话时，语音、语调基本正确，语句基本通顺。
　　（4）知道这些动物各自对食物的不同需要。

提示

　　（1）先引导聋幼儿说说本课第一幅图上有哪些动物，它们各自爱吃什么，再引导聋幼儿看每个小动物面前放着什么，让小孩弄明白为什么（"谁也不吃"）。

　　（2）引导聋幼儿观察本课第二幅图，说说动物们各在吃什么，再看看他们的神态，帮助聋幼儿理解"大家吃得多香啊"这句话的意思。

49　跟我说的相反

本课主要内容

　　学用反义词练说话：山**上**有塔，山**下**有亭子。叔叔跑得**快**，老爷爷跑得**慢**。妹妹**矮**（**胖**），姐姐**高**（**瘦**）。兔子尾巴**短**，猴子尾巴**长**。河**上**有座桥，桥**下**有条河。石头**重**，羽毛**轻**。这边花**多**，那边花**少**。这棵树**大**，那棵树**小**。哥哥在**前面**划船，弟弟在**后面**划船。叔叔画**左边**的树，阿姨画**右边**的花。

要求

　　（1）运用学过的反义词练习说话。
　　（2）会用"谁做什么"，"谁在哪儿做什么"，"谁和谁做什么"，"谁和谁在哪儿做什么"，"谁看什么"，"谁看见什么"的句式练习说话。

提示

　　（1）先复习学过的反义词。
　　（2）可按本课提供的内容，结合看图引导聋幼儿练习说话，也可根据画面内容，用其他句式练习说话，如："叔叔和阿姨在公园里画画"、"哥哥和弟弟在划船"。

附录 I 发音器官图

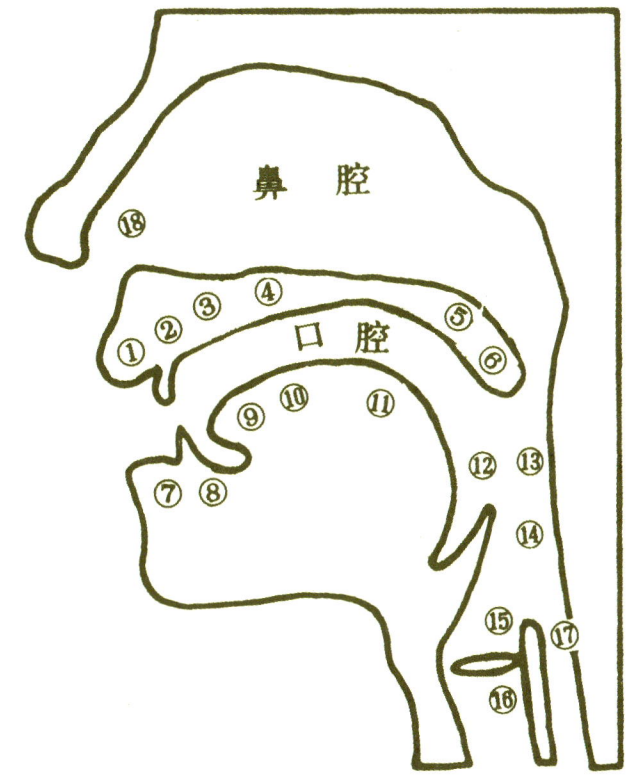

1. 上唇　2. 上齿　3. 牙床
4. 硬腭　5. 软腭　6. 小舌
7. 下唇　8. 下齿　9. 舌尖
10. 舌面　11. 舌根　12. 咽头
13. 咽壁　14. 会厌　15. 声带
16. 气管　17. 食道　18. 鼻孔

附录 II 汉语手指字母图

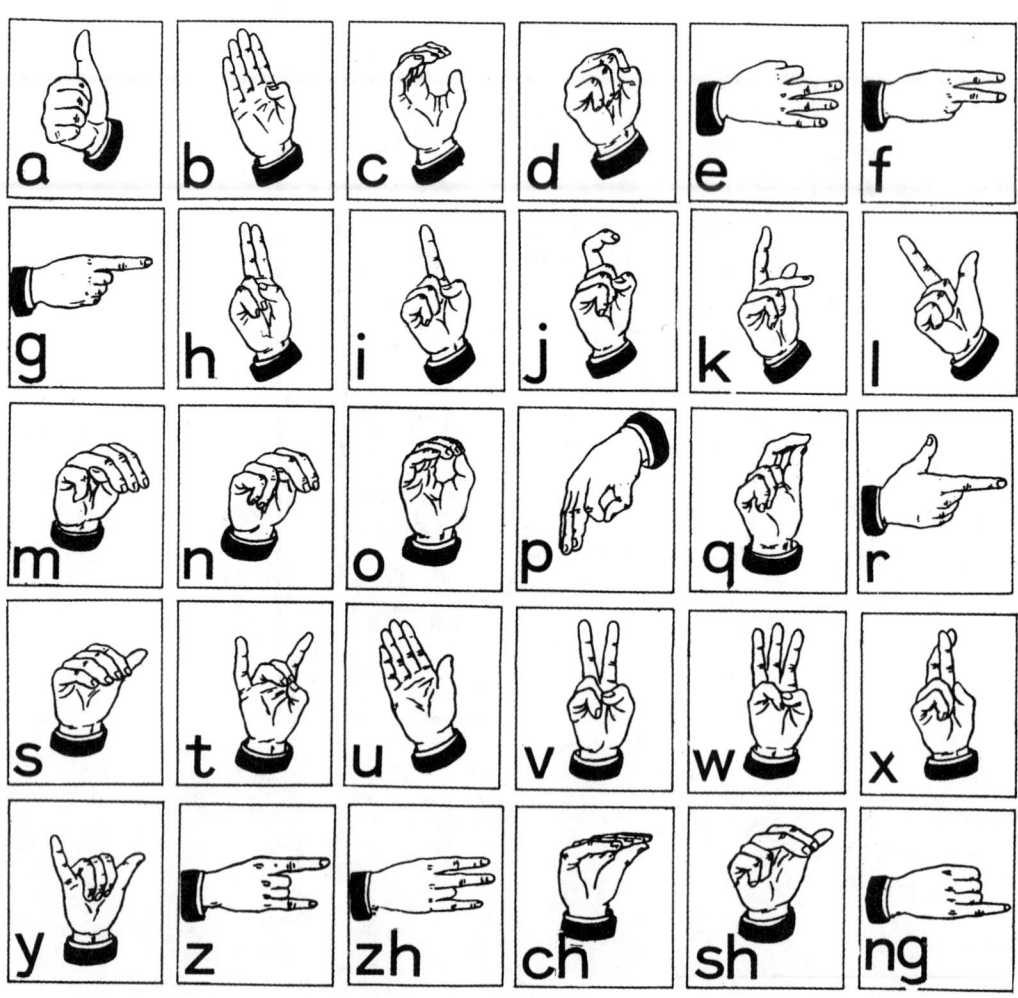